川陕苏区金属货币版式研究图鉴

张建新　曹正忠　编著

四川出版集团
巴蜀书社

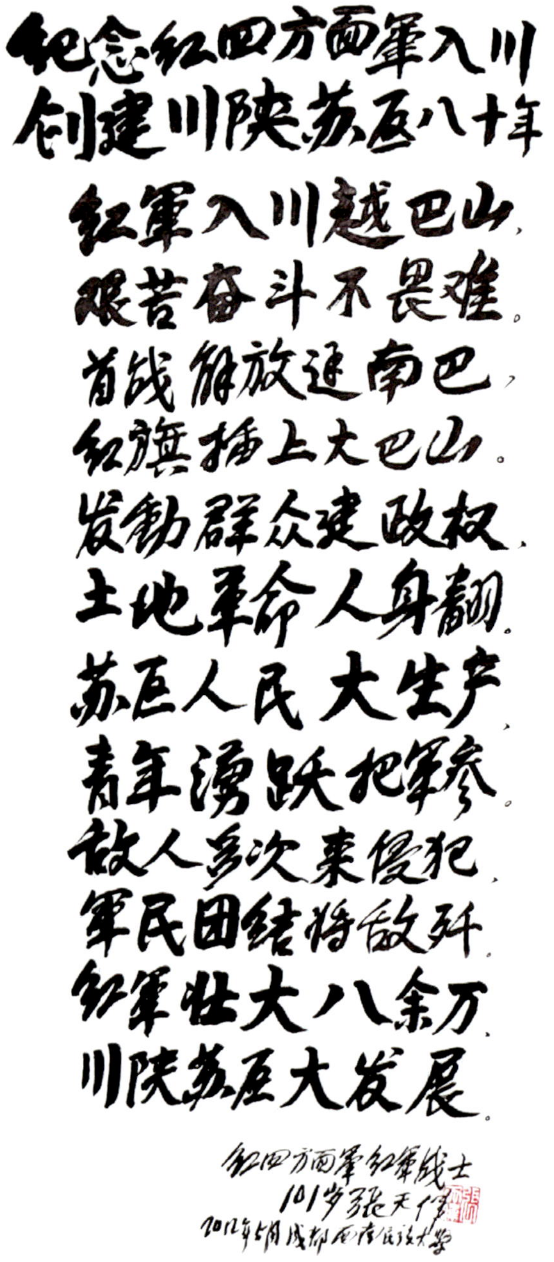

张天伟　湖北红安（原黄安）人，现年101岁，1927年投身革命，参加了著名的“黄麻暴动（起义）”，参加了创建鄂豫皖革命根据地和川陕革命根据地的斗争，参加了长征，在大革命时期、在土地革命战争时期、在全民族抗日战争时期、在全国解放战争时期，南征北战，为人民解放事业作出了很大贡献。新中国成立后，参加了创办西南人民革命大学和西南民族学院（现西南民族大学）的工作，为党和国家的民族事业和教育事业作出了毕生贡献。

研究川陕苏区货币
传承苏区革命精神

熊建秋
2012年7月

熊建秋　四川大邑县人，现年57岁。副总工程师，中国知名钱币收藏家。《中国货币丛书》编委会常务副主任、四川省钱币研究中心主任、四川省钱币专委会主任。致力于中国金融货币文化的收藏研究四十余年。在国内外发表学术、专题、收藏文章一百五十多篇。长期服务于民众的钱币文化传播、收藏、鉴定、理财工作。先后组织或参与省、市、县的大、中型藏品展览七十多次，为中国钱币文化事业的发展作出了贡献。

作者简介

主编 张建新　湖北红安人。经济师。原西南民族大学正处级调研员。中国钱币学会会员、四川省古玩收藏协会钱币研究中心副秘书长、四川省收藏家协会钱币专委会会员、成都市收藏家协会钱币专委会会员及鉴定组成员、《中国货币丛书》编委。从事土地革命战争时期的货币、票证、证章、书籍、文件、传单及各种物品的收藏和研究二十多年，重点在川陕革命根据地货币的收藏和研究。主编《川陕革命根据地货币图录》一书，有《川陕苏区"改制代用币"初论及藏品辨析》、《川陕苏区货币藏集研究深探》、《川陕苏区大200文铜币版（类）式判别研究》、《收藏之髓》等文，在《中国钱币》、《蜀商》、《四川日报》、《成都收藏》等杂志报纸登载。在电视台、电台相关节目介绍苏区货币及物品并点评。被《四川收藏家》一书收录。

副主编 曹正忠　四川汉源人。西南民族大学助理研究员，注册土地估价师。参编《城市土地定级与基准地价评估实证研究》和《川陕革命根据地货币图录》两本书。参研教育部课题一项。主持西南民族大学科研项目一项，参研西南民族大学科研项目一项，发表学术论文《高校校园建设的内涵发展理念》、《关于"十一五"时期高等学校走内涵发展道路的思考》等十余篇。

目　录

综　述

编著《川陕苏区金属货币版式研究图鉴》，是对《川陕革命根据地货币图录》（已由巴蜀书社出版）一书的扩展补充和充实提高，是对收藏和研究川陕革命根据地货币实用工具类书的深化和细化。

在中国新民主主义革命进入到土地革命战争时期，在中国共产党领导下的中国工农红军和广大工农群众，经过艰苦卓绝的浴血奋战，先后创建了井冈山苏区、中央苏区、湘鄂西苏区、海陆丰苏区、鄂豫皖苏区、闽浙赣苏区、湘鄂赣苏区、湘赣苏区、左右江苏区、琼崖苏区、川陕苏区、西北苏区、湘鄂川黔苏区等13个主要的革命根据地，还创建了闽东闽南闽中苏区、通海如泰苏区、鄂豫陕苏区、南方三年游击苏区（共15个游击苏区）、滇黔桂边游击苏区、巴山游击苏区、川滇黔边游击苏区、黔北苏区、黔西北苏区、川西北苏区、川康边苏区、康巴苏区等数十个革命根据地。在土地革命战争时期，中国共产党领导创建的革命根据地遍布全国16个省300多个县，总面积约20万平方公里，总人口约1500万。在革命根据地（苏区）这个中国革命的战略基地和主要战场上，中国共产党广泛展开武装斗争，广泛深入实施土地革命，建立苏维埃政权，摸索走出符合中国革命实际的成功之路，并逐步发展壮大走向成熟，实践了中国共产党的正确路线和一系列方针政策；形成了优良的革命传统和作风；培育了约30万工农红军和数百万计的地方武装；形成了“枪杆子里面出政权”，武装夺取全国胜利的格局；造就了一代革命领导骨干；积累了革命政权建设和治国安民的经验,初步实践了民族团结、民族解放的一系列民族工作的方针政策，为民族事业的发展奠定了基础。总之，在土地革命战争时期，中国共产党领导的中国工农红军和革命根据地（苏区）的人民为中国革命作出了永不磨灭的伟大贡献。在那星星之火可以燎原的辉煌岁月里，按照政权建设、经济建设和金融事业的需要，在中央、湘赣、湘鄂西、湘鄂赣、闽浙赣、鄂豫皖、川陕、西北等革命根据地相继建立了苏维埃的银行，生产制造发行流通了苏维埃的货币，为中国革命的历史增添了光辉灿烂的篇章。苏维埃货币，有着强烈的政治意义，鲜明的历史特征，广泛深入的宣传作用，独特迥然的货币风格，丰富多彩的版（类）式或版别。苏维埃货币，既是记载革命历史的珍贵文物，也是对苏维埃货币本身研究的实物题材，又是货币史钱币学不可多得的研究对象。苏维埃货币，是在极其艰难困苦的环境中，是在受到机器设备、模具制造、生产工艺、原辅材料等各种困难条件的限制影响下生产制造出来并发行流通的。因此，从货币研究角度来看，苏维埃货币是比较粗糙、不规范且存在着繁复众多的版（类）式或版别，这也正是今天值得探索研究的专题，也是编著本书的出发点。

川陕革命根据地货币，是从1933年3月前后在四川省通江县开始生产制造并发行流通至1935年5月后在四川省茂县停止，历时两年零三个月左右。川陕省苏维埃工农银行生产制造发行流通的货币，不论是从政治意义、历史作用、货币特点等方面在各革命根据地所发行流通的货币中都是独树一帜的。为此，《中国货币丛书》编委会于2003年决定编著一部全面系统并集研究与实物相结合的关于川陕革命根据地货币的专题工具类书——《川陕革命根据地货币图录》，2005年，编著者拟定出详细的《出版提纲》稿交由本书编委会讨论研究后开始正式编著，2010年8月7日编著完成,全部成书文稿交由《中国货币丛书》编委会审稿通过，2010年12月由巴蜀书社正式出版发行。从开始编撰到出版发行，艰辛七载，向钱币收藏界和研究者奉献出了一部全新的、详实的、高清晰彩图的专著。已编著出版的《川陕革命根据地货币图录》（以下简称《图录》）一书，已较完整地展示了川陕革命根据地货币的全貌，特别是开先河的多项“首次”在收藏者和研究者前展现，可谓令人耳目一新，下面汇总整理叙述，以供收藏者和研究者参考方便之用。

1.首次以完整的实物展示提出了对川陕革命根据地货币研究理论的“三大类”研究要点。即将川陕革命根据地工农银行生产制造发行并在不同区域流通的货币分为：

苏维埃货币（苏区币）

改制代用货币（改用币）

仿造民国货币（仿造币）

2.《图录》一书首次登示了“三大类”485种不同版（类）式或版别的川陕革命根据地货币，是迄今最全面最完整展示川陕革命根据地货币的具有权威性的工具书。同时，《图录》中首次为每一种版（类）式或版别的货币确定了编号（也即起了名号），同时作了每种版（类）式或版别的特征说明。

3.首次提出了对川陕革命根据地各类货币的版（类）式或版别的判定程序，这为川陕革命根据地货币的藏集研究提供了新的依据。这正是编著本书的主题和研究重点。按照判定程序，以实物彩图展示了川陕革命根据地“三大类”货币485种的版（类）式或版别数量统计如下：

（1）苏区币

纸币	3种面额	19种版别
布币	6种面额	98种版式
银币	1种面额	37种版式
铜币	2种面额	284种版（类）式
锡币	3种面额	1种版式（按《图录》所列）
以上共计	15种面额	447种版（类）式或版别。

（2）改用币

银币	3种原币面额	12种版别

铜币　　　4种原币面额　　8种版别

以上共计7种原币面额，20种版别。

（3）仿造币

银币　　　仿3种原币（汉字川版、袁大头、孙小头）

　　　　　1种面额　26种版别

4.首次以实物彩图展示的川陕革命根据地货币品种主要有：

（1）苏区币

布币中有：早期木刻版白布币（3串）；蓝布加印“全世界无产阶级联合起来”和“一九三三年”白字（叁串、伍串、拾串）；加盖冠号布币（2串、3串、10串均有）；加盖宣传口号白布币（3串）；10串蓝布币；大壹圆白布币；2串灰布币；2串绿布币；3串红布币；加盖冠号“000001”的布币（2串、10串）等。特别是壹串文“经济公社流通券”（桐油浸制）布币的2种版式的确定并首次以实物图录展示。

银币中有：1933版壹圆银币；小星类银币中共展示8种大版式等。

铜币中有：大200文“002”版式铜币；大200文反文字图案铜币；500文合背铜币；500文单面图案铜币等。

锡币是收藏界寻觅多年的货币，这是首次展示，可谓得识庐山真面目。

（2）改用币　均是首次全面展示（特别是改用银币）。

（3）仿造币　均是首次全面展示（特别是仿“孙小头”银币）。

5.川陕革命根据地货币共采用了5种材质，即：纸、布、银、铜、锡，这在当年各革命根据地中是绝无仅有的，这在《图录》一书中也是首次以实物彩图全面展示的。

6.在川陕革命根据地创建初期，除流通使用了改用币外，还从鄂豫皖革命根据地带来的鄂豫皖苏区币在川陕革命根据地内流通使用，这在《图录》中也是首次全面展示，共6种：纸币4种，银币2种。

7. 在全面展示了川陕革命根据地货币外，《图录》还首次展示了当年川陕省工农银行造币厂生产制造银币用的银板和生产制造大200文铜币的圆坯，等等。

正是《图录》一书所展示的全部实物彩图及多项“首次”，为进一步研究川陕革命根据地货币的版（类）式或版别提供了充实丰富的实物资料依据，为真正深入研究川陕革命根据地货币版（类）式或版别的判定奠定了基础，对其版（类）式或版别的判定研究更是川陕革命根据地货币研究的十分重要的一环。在《图录》中已将编著者多年研究川陕革命根据地各类货币的版（类）式或版别的判定程序列出，但要真正判定仍需专著来详细阐述，这也是编著者多年心血的结晶所致，编著的本书也是《图录》一书的续集。

对川陕革命根据地货币的版（类）式或版别的研究有几点需要说明：

1. 对川陕革命根据地货币“版（类）式”或“版别”的判定

（1）对苏区币

纸币——按“版别”判定。

布币——按“版式”判定。

银币——按“版式”判定。

大200文铜币——按“版类（式）”判定。

小200文铜币——按“版式”判定。

500文铜币——按“版式”判定。

锡币——均按“版式”判定。

（2）对改用币

银币、铜币均按“版别”判定，即对原币的版式不作判定研究。

（3）对仿造币

目前确定的仿造银币按“版别”判定，再深入研究可按“版式”判定。

2. 对川陕革命根据地货币版（类）式或版别判定的研究，本书仅限于对苏区金属货币即苏区银币、苏区铜币、苏区锡币的研究，其中对苏区锡币要随着实物收藏的增多再进一步研究，而对纸币和布币以及改用币和仿造币不在本书范围之内。

3. 由于历史原因，原川陕省苏维埃工农银行和造币厂有关各类货币生产制造和版（类）式的原始文件资料现已无从查找，对于收藏和研究者来说，可供参考的文史资料缺乏是一大难题，则只能通过大量的货币实物来对比、推敲、论证，从中得到有关版（类）式研究的结论。

4. 对川陕革命根据地每一类货币的版（类）式或版别判定的研究，关键要有一个切入点，即关键程序的选取。本书是编著者通过对川陕苏区货币实物数十年的研究，不断摸索，反复对比后选取的最佳切入点（即关键程序）而展开论述并展示，这在本书中将着重标定。

5. 本书中提出了 “版类（式）”这个新概念，这是根据川陕革命根据地所生产制造发行流通的大200文铜币而特定的（这在有关章节中将作阐述）。

6. 对川陕革命根据地繁复众多的版（类）式或版别形成原因的探索，同样是复杂而很有意义之事。首先，它是在中国共产党领导下的中国工农红军和苏区广大人民开展土地革命，实行武装割据，用枪杆子创建苏维埃政权，在苏维埃政权下发展经济工作和金融事业的体现。当年，苏维埃区域一般都在边远地区、大山之中、贫困之地，又处于武装斗争的烽火之中，从大环境上就限制了苏维埃生产制造货币的条件。再者，从生产制造货币的硬件来看，其主要是靠战争缴获和征用罚没或从其他区域购买，来源零星分散，在形成先进完整的货币生产体系上也就先天不足。最后，从具体实际成因分析，也是多方位、多层次的综合体现。

对金属货币（银币、铜币、锡币）主要有：

（1）机器设备落后简陋，设备间隙大，设备手工操作居多。

（2）模具制造困难，手工刻模，无法保障每一件模具所刻文字图案的基本统一，并形成多种明显的制模痕迹，如布纹、丝纹等。

（3）模具材料缺乏，所需足够强度和硬度的制模用钢无法保证，加之热处理工艺落后，致使模具寿命不长，需经常更换，同时也产生模具裂纹在货币上的明显痕迹。

（4）受设备影响，模具的安装校正固紧等均无法保证或无模具定位装置，其间隙也大，造成货币生产过程中的错移、币正与币背角度偏转等现象发生，另由于上下模不平度大，造成货币厚薄不一等。

（5）由于模具材料的缺乏，当一件模具中的上（或下）模损坏时，就只更换此上（或下）模，而另一下（或上）模继续使用，造成新的版（类）式出现。

（6）受模具材料影响，型腔磨损凹塌，经修复（砂磨、锉削等）形成原字体图案变粗变形，原空腔变实心、增多笔画线条等。

（7）在压制货币时，由于人工操作失误或用已报废的圆坯继续压制，形成复压，但仍同样发行流通使用。

（8）由于滚银币边轮齿时，其滚齿设备陈旧落后间隙大等产生错移，故形成特殊的多种不同边轮齿形。

（9）制币材料的来源不同且生产简陋，形成银含量有高有低不一致，铜含量不一致形成红铜、黄铜和混合铜等不同的制币材料，因而在制成币后形成不同的材质版（类）式。

（10）制圆坯工艺简陋落后（如熔铸、压坯等），形成直径大小、厚度不一等情况。

（11）浇铸设备及工艺落后，造成制币用的银板或铜板存在材质疏松、裂纹、凹坑、空洞等缺陷，而在所制成的货币上仍然留存。

（12）在极其困难条件下生产制造出的金属货币，尽管粗糙并且多有应属废品的情况（如错移、复压、漏压、币面缺陷等），但仍投入流通使用，这不是检验不过关的问题，而是在特定环境下，能生产出每一枚货币已是不容易的事，所以，只要有明显的共产党和苏维埃的标示，就投入苏区市场流通使用。

对软质货币（纸币、布币）主要有：

（1）对纸币　因是用石印版模来印制生产，不存在版式判定，而存在由于印刷用油墨来源不一（主要是从国民党区域购买回），颜色不一，形成多种颜色差异的版别。还有因纸张来源不同形成的纸质版别。同时，也存在个别的单面漏印文字图案和漏盖印章的特殊版别。

（2）对布币　早期用多种木刻版模来印制生产，存在多种版式。后期用石印版模来印制生产，其文字图案无版式区别。但无论是木刻版模还是石印版模印制生产的布币，均由于所使用的布和所盖印章的原因形成多种版式。如布质因来源不同有粗布（苏区内自纺织布）、细布（当时称洋布或机制布，缴获或外购）、斜纹布（缴获或外购）之分，又有薄型和厚型之分（主要是苏区内自纺织布）；如布色因染料来源不同有白色（原色）、蓝色（包括普蓝色、阴丹蓝色、紫蓝色、孔雀蓝色）、绿色（包括蓝绿色、灰绿色）、红色（应为涂红）、灰色（包括蓝灰色、铁灰色）等多种颜色之分；印章如有均盖在布币背面的不同大小、不同边框形状和不同字体的工农银行方形印章之分，又有盖在币正面的椭圆形宣传印章和不盖此印之分，且加盖时又有红色印泥和白色印泥之分，还有蓝布布币加盖年号和口号（白色印泥）的（因原印模板上未刻制有年号和币正上部的宣传口号）；另外，也有布币正面或布币背面漏印文字图案、布币印制折白或折皱、复印、裁剪错移（上下或左右均有）、双层布印制成一张布币等多种特殊版式；此外，还有在布币正面加盖阿拉伯数字冠号（有红色或黑色之分）的、加盖宣传口号（红色）的特殊版式。

（3）同金属货币一样，在极其困难条件下印制生产出来的软质货币（纸币、布币），同样存在应属于废品的情况（如漏印、错移、折白、折皱、复印、漏盖印章、布面孔洞缺陷等），但仍投入流通使用，这也不是检验不过关的问题，而是在特定环境下，能印制生产出每一张货币已是不容易的，则只要有明显的共产党和苏维埃的标示，就投入苏区市场流通使用，等等。

对在中国共产党领导下的革命根据地所生产制造发行流通货币的研究，具有特殊的意义。以编著者对川陕革命根据地货币版（类）式或版别的研究，就可从中发现在川陕革命根据地货币的生产制造发行流通中所体现出的中国共产党、早期在土地革命战争时期坚持奉行一切从人民利益出发，一切以人民利益为重，一切为了人民，全心全意为人民服务的宗旨的光辉形象和光荣历史。这在以下方面得到充分体现。

1.在众多繁复版（类）式或版别上的体现

现在的人们很难理解，在川陕苏区短短的两年零三个月的货币史中，为什么会有“三大类”即苏区币、改用币、仿造币的并行发行流通和《图录》一书中已列出的485种版（类）式或版别。实际上这正是川陕苏区工农银行在极端艰难困苦的战争环境中为革命战争的需要，为经济发展的需要，为广大人民群众生活的需要，在金融工作中，克服重重困难，千方百计生产制造出满足在不同区域和市场需求的金融货币量，由此而成的众多繁复的版（类）式或版别，正是这段光辉历史的写照。

2.在苏区纸币和布币上的体现

川陕苏区所处地域在当时是以银本位制流通金属货币即银币和铜币的。而当时川陕苏区工农银行又成功发行流通了大量的纸币和布币，这是为什么呢？首先是从法律制度上予以保证，维护工农银行的权威。再者是从宣传上予以保证（现存的纸质文物和石刻标语说明了这一点），做到深入民心。重要的一条更是取信于民，工农银行通过展出其大量的金、银、铜材,药材,银耳，甚至烟土等，供广大人民群众参观，让他们充分了解工农银行的雄厚实力，特别是对不熟悉使用的纸币和布币的本金储备是能够让广大人民群众放心的。三是从组织机构予以保证，设立了专门的机构——兑换处，制定了纸币和布币与其他金属货币的兑换制度，可互兑苏区内及国民党区域的货币，以供广大人民群众在不同地域方便使用等。

3.在苏区银币上的体现

川陕苏区银币上有着明显的共产党和苏维埃的图案，是必须在苏区地域上使用的贵金属货币。除了有众多版式外，其含银量是不均匀的，即有高有低，这是因为银材来源和铸银设备及工艺落后等方面原因所造成的。但苏区银币在广大人民群众中享有贵金属币所应有的权威和价值，其重要原因就是苏维埃政权和红军实行土地革命，奉行为人民服务的宗旨，一切为了人民的利益，在广大人民群众中享有崇高的威望，人民热爱苏维埃政权，人民热爱红军，加之工农银行对苏区银币的宣传和信誉的维护，人民并不因为含银量的不均匀而感到不安和担忧，而是拥护苏区银币的流通，并且喜欢使用苏区银币。在新中国成立后，很多人还将珍藏的苏区银币敬献出来给博物馆，其感人事迹可见一斑。

4.在苏区铜币上的体现

在苏区的两种200文（即小200文和大200文）铜币的存世量上，会发现一个有趣味的现象，即大200文铜币的存世量明显大于小200文铜币的存世量，大200文铜币的版类（式）因数量多而达到179种，而小200文铜币因数量少仅有35种版式。特别是大200文铜币耗材多，一枚大200文铜币可以生产2～3枚小200文铜币。在宣达战役胜利后，红军缴获了一个造币厂的全部比较先进的货币生产设备后，于1934年就完全可以全力生产质量好耗材少而且精美的小200文铜币来保障该种币的市场供应量，从而停止生产因设备工艺落后，既耗时又耗材且粗糙的大200文铜币。但事实上苏维埃工农银行却没有这么做，仍是以落后的设备工艺、更多的耗材继续大量生产大200文铜币供应市场流通，其小200文铜币仅用以补充量的不足而生产一部分。究其原因，就是当时广大人民群众在银本位体制的货币使用习惯中，是很看重金属货币的大小重量的，同样的面额，大的重的就值这个面额，小的轻的就不值这个面额。苏维埃工农银行为维护其权威和信誉，从广大人民群众的利益出发，仍大量生产符合人们传统使用习惯的大200文铜币来保障市场流通的需求量，而小200文铜币仅作适量补充（当然，出于对苏维埃政权和红军的拥护和信任，小200文铜币的发行流通和大200文铜币一样十分顺畅）。时至今日，这些货币所折射出来的历史信息仍闪烁着当年苏维埃政权和红军对广大人民赤诚之爱的光辉，闪烁着广大人民群众对苏维埃政权和红军真心实意的拥护和爱戴之情的光辉。同样，川陕苏区500文铜币是于1934年大量生产制造供应市场需求的，其面值较高而重量也仅为大200文铜币的五分之四左右，但仍深受广大人民群众的欢迎而畅通使用。

5.在苏区锡币上的体现

川陕苏区锡币的产生发行过程需要重点论述，它是在川陕苏区初创时期，为克服生产制作的布币、纸币、大200文铜币等供应量不足以及找零不便的情况下，而临时采用的一种用锡金属制币发行流通的方法。因为锡金属熔点低，易于制币板，且强度硬度低（较软），易于用简陋的模具生产制作。然而，其制作发行时间仅有三个月，发行量又极少就停止生产制造发行流通，这是有着深刻的历史原因：

首先，是为了维护苏维埃政权工农银行的权威和信誉，也为了切实体现中国共产党和所领导的苏维埃政权以及红军真正为人民谋利益的宗旨。因为当时的货币发行流通是以银本位为体系，特别是川陕地区，社会和广大民众认同流通的就是银、铜类货币。而当时的锡除了生活用品的制作外，与金融相关的就是一些非正式货币的钱庄币、赌币等，这也仅为凭证之用，而非流通货币。川陕苏区为应急流通所发行的锡币，材质不合当时银本位体系，其币又很小，重量很轻，与钱庄币、赌币等雷同，这显然不合广大民众银本位的使用习惯，也不会受到欢迎，只能受到怀疑，这样就会直接影响到苏维埃政权工农银行的信誉和威望。川陕苏维埃政权一发现这种情况，即停止锡币的生产制造和投放市场流通，这在当年艰苦卓绝的斗争环境下是非常不易的。这为川陕苏区金融事业书写了光辉的一页，这种做法符合社会和广大民众的意愿，真正体现了中国共产党一切从人民利益出发的根本宗旨，也为后人留下了宝贵的精神财富。

其次，用锡来制作货币，设备、模具、工艺、材料等方面要求不高且比较容易，这就为伪造这类货币提供了方便。为防止伪造货币的发生，为维护苏维埃工农银行的权威，停止继续采用锡来生产制作苏区货币也是必然的要求。

再者，从有关资料分析，当时川陕苏区锡资源不是很丰富，有回忆录中提到，因锡材来源有限，于是停止了生产制作锡币，这也是客观因素所致。

6.在改制代用货币上的体现

在研究川陕苏区改制代用的两种材质货币即改制代用银币和改制代用铜币的版别时，编著者注意到一个现象，即改用铜币上的戳记是明显的共产党和苏维埃的镰刀锤子图案，而改用银币上却是十分隐晦的五角星和“工”字的图案。其实这正是苏维埃政权一切从人民利益出发，以人民利益为重的又一表现。银质货币在当时是很值钱的，一枚壹圆的银币可值200文铜币50枚，如果在原民国银币上打上明显的共产党和苏维埃的图案标志，那就只能在苏区地域内使用，若到国民党区域去使用那将有杀身之祸。而当时苏区的地域随着战争的进程是时常变化不定的，特别是苏区的边缘地区，民众或商人出入苏区使用有明显苏维埃标志的货币就面临极大的危险，特别是贵金属的银币，一旦到手又不能有效使用，将会给民众或商人带来较大损失。于是，苏维埃银行既要维护苏区内流通货币的有效性和权威性，又要照顾到贵金属货币价值高又可能到国民党区域去使用这一特殊情况，就采用在改用银币上打上隐晦的图案，这样既能在苏区地域内使用，又能到国民党区域内使用而不给民众或商人带来危险，这种一举两得的便民利民方式，正是中国共产党领导的苏维埃政权处处为人民谋利益，以人民利益为重的具体表现。而对低值的改用铜币就不需要这样做了，打上明显的共产党和苏维埃标志，只能在苏区地域内流通使用，既维护了苏维埃银行的权威，又保障了货币的供应量，同时，即使暂时不能有效使用时也不至于对民众或商人造成大的经济损失。

7.在仿造民国货币上的体现

在研究仿造币的版别时，通过有关资料和大量实物证明，川陕苏区工农银行仿造民国银币时所采用的银板材料，其含银量是很高的，也即采用含银量十分标准的银板来生产制造这类货币。这在川陕苏区仿造的川版壹圆银币、袁大头壹圆银币、孙小头壹圆银币上都体现得非常充分。在当时银本位的货币体系上，银币、银锭甚至银材，只要含银量一致和重量一致，其价值是等同的（只不过是银币好使用一些），关键就是其本身含银量的高低来决定其价值。当年川陕地区国民党统治的各防区内都在生产制造银币（主要是川版银币），其品质良莠不齐，为糊弄老百姓，搜刮民财，众多防区银币的含银量很低，甚至发生包壳银币（即假币）的出现。但苏维埃工农银行一切从人民利益考虑，在仿造民国货币的生产制造时，选材是很注意的，均采用含银量高的标准银材来制造仿造币。这一来维护了苏维埃银行的权威和信誉，二来为苏区边缘地区的老百姓和进出苏区的商人使用方便安全，三来也为苏区到国民党区域大量采购所需物质时的方便安全。这样，川陕苏区工农银行所生产制造出来的仿造币信誉很高，深受老百姓和商人的欢迎。就是在红四方面军长征到达少数民族地区后，也曾大量使用这类货币，同样也受到这些区域人民的拥护和欢迎。

8.在新占领地区，采取不同的货币流通政策

红四方面军从川陕苏区出发开始长征，到达川康少数民族地区后，开始也曾使用苏区纸币、布币来购买物质，当时当地的民众迫于对军队的畏怯，也只能勉强接受。很快，红军发现了这一问题，这既不符合当地人民对货币的使用习惯，也会给当地人民的利益带来损失（特别是当红军撤离这些地区后），更会由此而产生对红军的误解，于是，红军立即予以纠正，贴出告示，派出专门人员，带上大量银币，到广大人民群众中去兑换回纸币和布币。这样做既维护了广大人民群众的切身利益，扩大了红军的影响，体现了共产党的主张，也得到广大人民群众的欢迎。时至今日这也都是共产党和红军在少数民族地区维护民族团结，维护民族利益，实现民族解放在金融事业上的一段佳话。

研究革命根据地货币的重大意义，还可从货币的图案和文字的设计风格及独有特征所体现出的历史背景、历史地位、货币本身的美学艺术、年款文化、印戳、生产制造条件的具备、流通稳定、计量单位和兑换制度、宣传工具及作用等方面予以论述。而本书仅通过大量实物来研究版（类）式或版别，并着重论述了其所体现出的重大意义的一个方面。综上所述，本书不仅仅是单纯的对货币本身的研究，更是对革命历史研究的体现，是对中国共产党所领导的土地革命光辉历程的铭记，是对中国共产党创建一个崭新中国的丰功伟绩的宣扬，是对无数革命先辈在武装斗争的革命战争的壮举上、在红色政权的建立上、在苏区经济建设和金融事业的开拓上的缅怀。当编著者止笔本书“综述”之日，正是纪念中国工农红军第四方面军于湖北省红安县七里坪成立八十周年纪念日。同样，编著者正是怀着无限崇敬之情，辛勤编著了《川陕苏区金属货币版式研究图鉴》一书。谨以本书作为敬献给中国工农

红军第四方面军入川（1932年12月18日）和创建川陕革命根据地八十周年的纪念礼物。

2011年11月7日于成都

编辑说明

川陕苏区金属货币系指文字图案有明显的中国共产党镰刀锤子标识和苏维埃标识的银币、铜币、锡币，不包括改制代用金属货币和仿造民国金属货币。

一、排列方式

在编著每一种苏区金属货币的版（类）式判定时，采用：简介——确定版式或版类（式）——判定程序和相应货币实物图示——说明的排列方式展开。

二、图示序号说明

图示序号采用汉语拼音字母与阿拉伯数字结合以及“特”、“示”字的方式：

Y——银币

T1——大200文铜币

T2——小200文铜币

T3——500文铜币

X1——50文锡币

X2——100文锡币

X3——200文锡币

1、2……——阿拉伯数字，表示程序排列号

01、02……——程序排列号中的分项排列号

特——按程序排列号图示外增加的附图排列号

示——表示程序排列中的示意例图排列号

分类说明

银币　　　　　按“Y”分类再排序，序号为Y-1-01……

大200文铜币　　按“T1”分类再排序，序号为T1-1-01……

小200文铜币　　按“T2”分类再排序，序号为T2-1-01……

500文铜币　　　按“T3”分类再排序，序号为T3-1-01……

50文锡币　　　 按“X1”分类再排序，序号为X1-1-01……

100文锡币　　　按“X2”分类再排序，序号为X2-1-01……

200文锡币　　　按“X3”分类再排序，序号为X3-1-01……

“特”　　按Y（或T1、T2、T3、X1、X2、X3）-特-01……排序

“示”　　按示（或Y、T1、T2、T3、X1、X2、X3）-1-01……排序

三、说明

1.大版式　是指按关键判定程序或按关键判定程序加基本判定程序所展示的明显独有特征的版（类）式。其中：

（1）银币　按关键判定程序确定

（2）大200文铜币　按关键判定程序确定

（3）小200文铜币　按关键判定程序加基本判定程序确定

（4）500文铜币　按关键判定程序加基本判定程序确定

（5）锡币　暂无确定

2.特征　是指每一判定程序所列货币实物图示的主要特征，而不是全部特征。

3.尺寸　对每一特征只从制模形态上区分，对其大小粗细等尺寸均不标明。

4.币正　币背

币正　是指货币正面的简称，本书均按有面额的一面为币正。

币背　是指货币背面的简称。

5.为清晰明辨，对每一图示均采用放大加光处理，因此与原币有样差和

色差。

6. 对川陕苏区锡币，因存世量稀少及其他原因的影响，本书未作全面详尽地图示。

川陕苏区壹圆银币
版式研究图鉴

一、简　介

币正

上部：文字（右起）“中华苏维埃共和国”
中部：珠圈内“壹圆”面额文字
两侧各一五角星
下部：文字（右起）“川陕省造币厂造”
币边廓：边廓齿

币背

上部：文字（右起）“全世界无产阶级联合起来”
中部：地球内镰刀锤子图案
两侧各一花星
下部：文字（右起）“一九三三（或一九三四）年”
币边廓：边廓齿

另：边轮齿

川陕苏区壹圆银币全貌图

川陕苏区壹圆银币——是由川陕省苏维埃工农银行造币厂于1933年8月在通江县试制一小批（即“一九三三年”版）发行流通，又于1934年初在通江县苦草坝得汉城成批量制造（即“一九三四年版”）发行流通，再于1935年初迁往旺苍县黄洋乡桂花村继续批量制造发行流通，至1935年4月停止制造，其制造发行历时一年零八个月，是土地革命战争时期各个苏区中制造发行量最大的一种银币。川陕苏区壹圆银币制作精整美观，文字图案明快，具有鲜明的时代特征和高度的政治意义（见川陕苏区壹圆银币全貌图）。但由于苏区艰苦的环境及其币材原料、技术工艺、模具质量等多种原因，致使川陕苏区壹圆银币形成了众多版式。在《川陕革命根据地货币图录》一书中展示了21种大版式的共计37种版式。本书以银币实物为据，进行参照、整理、分类、对比、研究，对川陕苏区壹圆银币的版式提出判定程序和图示。

二、确定版式或版类（式）

川陕苏区壹圆银币按“版式”判定。

三、川陕苏区壹圆银币[Y]版式判定程序和图示

（一）川陕苏区壹圆银币版式判定程序

1.年号（币背）——2.五角星特点（币正）——3.锤头特点（币背）——4.锤柄特点（币背）——5.镰刀特点（币背）——6.镰柄特点（币背）——7.镰柄与锤头间距离（币背）——8.镰刀锤子特点（币背）——9.地球图案大小（币背）——10.地球图案中“经线”（币背）——11.地球图案中“岛”（币背）——12.“四”字特点（币背）——13.星花特点（币背）——14.“陕”字特点（币正）——15.“共”字特点（币正）——16.“国”字特点（币正）——17.“壹”字特点（币正）——18.“圆”字特点（币正）——19.珠圈特点（币正）——20.字体大小——21.边轮齿型——22.币正币背图案角度位置偏移——23.复压。

（二）以下按程序分项图示说明：

1.年号（币背）

（1）“一九三三年”版　　[序号　Y-1-01]

说明：有1种大版式。

（2）“一九三四年”版　　[序号　示Y-1-02]

说明：有20种大版式，并有多种字体。

序号：Y-1-01
特征：币背年号（右起）“一九三三年”

序号：示Y-1-02
特征：币背年号（右起）“一九三四年”

2、五角星特点（币正）

这是版式判定的关键程序之一。

（1）　正角小实星类　星长约3毫米

（如“★”，简称“小实星”类。）　　[序号　示Y-2-01]

说明：有8种大版式的属此类。

（2）　正角大实星类　星长约4毫米

（如“★”，简称“大实星”类。）　　[序号　示Y-2-02]

说明：有7种大版式的属此类

（3）　正角长实星类　星长约5毫米

（如“★”，简称“直长星”类。）　　[序号　Y-2-03]

说明：有1种大版式的属此类。

（4） 弧形长实星类 星长约5毫米

（如“★”，简称“弧长星”类。） [序号 Y-2-04]

说明：有1种大版式的属此类。

（5） 小套星类 星长约3毫米

（如“☆”，简称“小套星”类。） [序号 Y-2-05]

说明：有1种大版式的属此类。

（6）大套星类 星长约5毫米

（如“☆”，简称“大套星”类。） [序号 Y-2-06]

说明：有2种大版式的属此类。

（7）空星类 星长约4毫米

（如“☆”，简称“空星”类。） [序号 Y-2-07]

说明：有1种大版式的属此类。

序号：示Y-2-01

特征：币正两五角星为正角小实星

星长约3毫米

序号：示Y-2-02

特征：币正两五角星为正角大实星

星长约4毫米

序号：Y-2-03
特征：币正两五角星为正角长实星
星长约5毫米

序号：Y-2-04
特征：币正两五角星为弧形长实星
星长约5毫米

序号：Y-2-05
特征：币正两五角星为小套星
星长约3毫米

序号：Y-2-06
特征：币正两五角星为大套星
星长约5毫米

序号：Y-2-07
特征：币正两五角星为空星
星长约4毫米

3.锤头特点（币背）

这是版式判定的关键程序之二。

（1）尖顶锤头，与镰柄相连，锤尾弧线条。 [序号　Y-3-01]

（2）尖顶锤头，与镰柄相连，锤尾折线条。 [序号　Y-3-02]

（3）尖顶锤头，与镰柄不相连。 [序号　Y-3-03]

（4）乳状顶锤头，与镰柄相连。 [序号　Y-3-04]

（5）乳状顶锤头，与镰柄不相连，乳状顶与经纬线交叉点相连。

[序号　Y-3-05]

（6）乳状顶锤头，与镰柄不相连，乳状顶后分别与经线、纬线相连。

[序号　Y-3-06]

（7）尖顶加乳状顶（居中部）锤头。 [序号　Y-3-07]

（8）尖顶（居中部）加乳状顶锤头。 [序号　Y-3-08]

（9）无顶平直锤头。 [序号　Y-3-09]

（10）无顶弧形锤头，与镰柄相连。 [序号　Y-3-10]

（11）无顶弧形锤头，与镰柄不相连。 [序号　Y-3-11]

（12）锤头内空心，有多种不同形状的密布细实线。

[序号　示Y-3-12]

说明：在同一形状锤头中，其细实线的排列分布是一致的。详见[序号　Y-3-01]至[序号　Y-3-11]。

（13）锤头内空心，左侧有两根竖弧线，无密布细实线。

[序号　Y-3-13]

序号：Y-3-01

特征：尖顶锤头　与镰柄相连

锤尾弧线条

序号：Y-3-02

特征：尖顶锤头　与镰柄相连

锤尾折线条

序号：Y-3-03

特征：尖顶锤头　与镰柄不相连

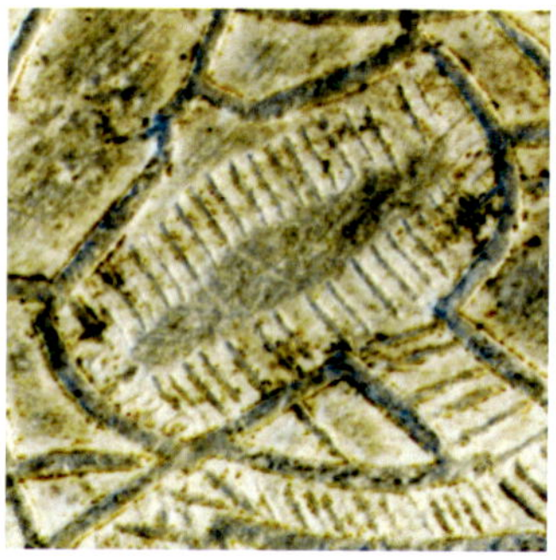

序号：Y-3-04

特征：乳状顶锤头　与镰柄相连

序号：Y-3-05

特征：乳状顶锤头　与镰柄不相连

乳状顶与经纬线交叉点相连

序号：Y-3-06

特征：乳状顶锤头　与镰柄不相连

乳状顶后分别与经纬线相连

序号：Y-3-07

特征：尖顶加乳状顶（居中部）锤头

序号：Y-3-08

特征：尖顶（居中部）加乳状顶锤头

序号：Y-3-09

特征：无顶平直锤头

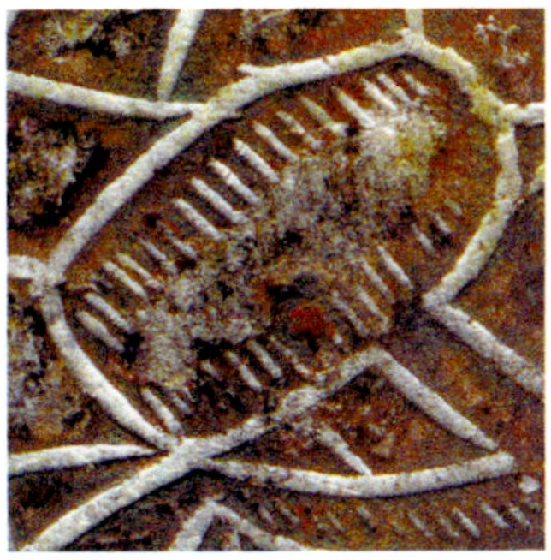

序号：Y-3-10

特征：无顶弧形锤头　与镰柄相连

序号：Y-3-11

特征：无顶弧形锤头　与镰柄不相连

序号：示Y-3-12

特征：锤头内空心　密布细实线

序号：Y-3-13

特征：锤头内空心　左侧有两根竖弧线

无密布细实线

4.锤柄特点（币背）

这是版式判定的关键程序之三。

（1）长柄（不是以锤柄实际长度尺寸来划分，是以锤柄端与下第五条纬线相连来判定。）　　[序号　示Y-4-01]

说明：有11种大版式的锤柄属长柄类。

（2）短柄（不是以锤柄实际长度尺寸来划分，是以锤柄端与下第五条纬线不相连来判定。）　　[序号　Y-4-02]

说明：有10种大版式的锤柄属短柄类。

（3）锤柄内空心，有不同形状的密布细实线。　　[序号　示Y-4-03]

说明：有16种大版式的属此类。

（4）锤柄内空心，无密布细实线。　　[序号　Y-4-04]

说明：有5种大版式的属此类。

（5）锤柄局部实心。　　[序号　示Y-4-05]

序号：示Y-4-01
特征：长柄

序号：Y-4-02
特征：短柄

序号：示Y-4-03
特征：锤柄空心　内细实线

序号：Y-4-04
特征：锤柄空心　内无细实线

序号：示Y-4-05
特征：锤柄局部实心

5.镰刀特点（币背）

这是版式判定的关键程序之四。

（1）长刀（不是以镰刀实际长度尺寸来划分，是以镰刀尖端过上第二条纬线来判定。） [序号 示Y-5-01]

说明：有5种大版式的镰刀属长刀类。

（2）中长刀（不是以镰刀实际长度尺寸来划分，是以镰刀尖端与上第二条纬线相连来判定。） [序号 示Y-5-02]

说明：有6种大版式的镰刀属中长刀类。

（3）短刀（不是以镰刀实际长度尺寸来划分，是以镰刀尖端不到上第二条纬线来判定。） [序号 示Y-5-03]

说明：有10种大版式的镰刀属短刀类。

（4）镰刀内空心，有不同状的密布细实线。 [序号 示Y-5-04]

说明：有20种大版式的镰刀属此类。

（5）镰刀内空心，无密布细实线（仅柄与刀相交处有两根竖弧线。）

[序号 Y-5-05]

说明：有1种大版式的镰刀属此类。

（6）镰刀局部实心 [序号 示Y-5-06]

说明：有4种大版式的镰刀属此类。

（7）镰刀全实心 [序号 Y-5-07]

说明：有1种大版式的镰刀属此类。

序号：示Y-5-01
特征：长刀

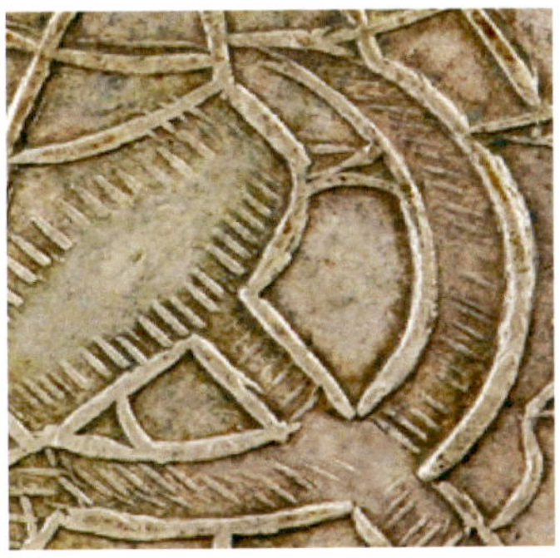
序号：示Y-5-02
特征：中长刀

序号：示Y-5-03
特征：短刀

序号：示Y-5-04
特征：镰刀空心　内细实线

序号：Y-5-05
特征：镰刀空心　内无细实线

序号：示Y-5-06
特征：镰刀局部实心

序号：Y-5-07
特征：镰刀全实心

6.镰柄特点（币背）

这是版式判定的关键程序之五。

（1）长柄（不是以镰柄实际长度尺寸来划分，是以镰柄端过左第二条经线，与下第五条纬线相连来判定。） [序号　示Y-6-01]

说明：有6种大版式的镰柄属长柄。

（2）短柄（不是以镰柄实际长度尺寸来划分，是以镰柄端过左第二条经线，与下第五条纬线不相连来判定。） [序号　示Y-6-02]

说明：有15种大版式的镰柄属短柄。

（3）镰柄内空心，有不同形状的密布细实线。 [序号　示Y-6-03]

说明：有20种大版式的镰柄属此类。

（4）镰柄内空心，无密布细实线（仅柄与刀相交处有两根竖弧线。） [序号　Y-6-04]

（5）镰柄局部实心。 [序号　示Y-6-05]

说明：有3种大版式的镰柄属此类。

（6）镰柄全实心。 [序号　Y-6-06]

说明：有1种大版式的镰柄属此类。

序号：示Y-6-01
特征：长柄

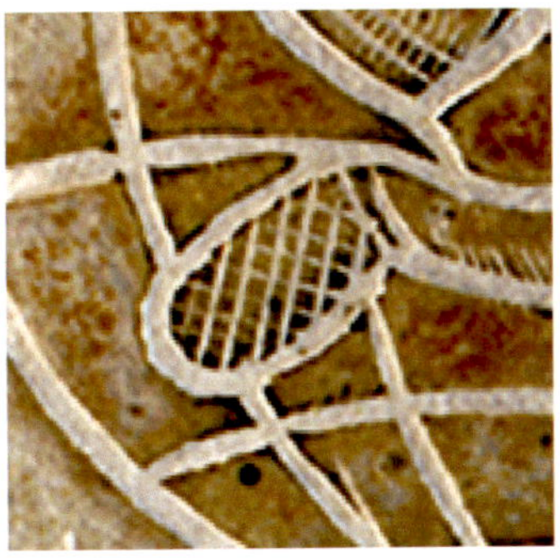

序号：示Y-6-02
特征：短柄

序号：示Y-6-03
特征：镰柄空心　内细实线

序号：Y-6-04
特征：镰柄空心　内无细实线

序号：示Y-6-05
特征：镰柄局部实心

序号：Y-6-06
特征：镰柄全实心

7.镰柄与锤头间距离（币背）

这是版式判定的关键程序之六。

（1）镰柄与锤头间长距（简称“大开口”） [序号　示Y-7-01]

说明：有4种大版式的属此类。

（2）镰柄与锤头间短距（简称“小开口”） [序号　示Y-7-02]

说明：有9种大版式的属此类。

（3）镰柄与锤头无距相连（简称“闭口”） [序号　示Y-7-03]

说明：有8种大版式的属此类。

序号：示Y-7-01

特征：长距

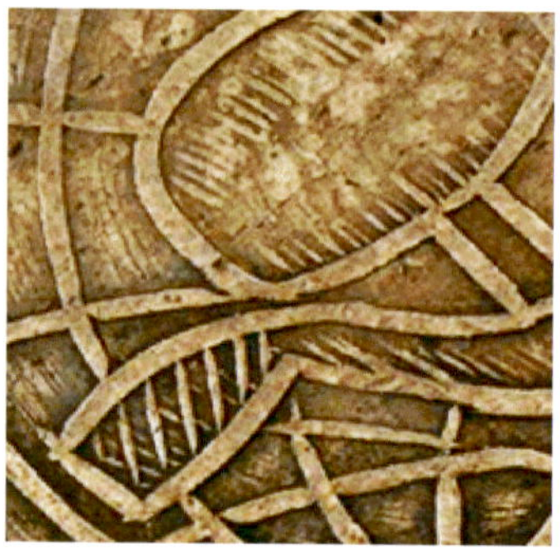

序号：示Y-7-02

特征：短距

序号：示Y-7-03

特征：无距相连

8.镰刀锤子特点（币背）

这是版式判定的关键程序之七。

（1）锤压镰（锤柄压在镰刀之上）　　　　　　[序号　示Y-8-01]

说明：有5种大版式的属此类。

（2）镰压锤（镰刀压在锤柄之上）　　　　　　[序号　示Y-8-02]

说明：有3种大版式的属此类。

（3）镰锤相交（镰刀与锤柄相交处不交叉互通）　[序号　示Y-8-03]

说明：有12种大版式的属此类。

（4）镰锤相错（镰刀与锤柄相交处交叉不通）　　[序号　Y-8-04]

说明：有1种大版式的属此类。

序号：示Y-8-01
特征：锤压镰

序号：示Y-8-02
特征：镰压锤

序号：示Y-8-03
特征：镰锤相交

序号：Y-8-04
特征：镰锤相错

9.地球图案大小（币背）

（1）大地球图案　Φ22～Φ23毫米

（2）小地球图案　Φ20～Φ21毫米

10.地球图案中的经线（币背）

（1）地球图案中有5条经线　[序号　Y-10-01]

（2）地球图案中上部有4条经线，下部有5条经线　[序号　Y-10-02]

序号：Y-10-01
特征：地球图案中经线为5条

序号：Y-10-02
特征：地球图案中经线上部为4条
下部为5条

11.地球图案中“岛”（币背）

（1）全岛（地球图案中的“岛”为完整圆圈，不与旁经纬线相连接。）

[序号　Y-11-01]

（2）半岛（地球图案中的“岛”为大半个圆形，与左侧经线相连接。）

[序号　Y-11-02]

（3）无岛（地球图案中没有表示“岛”的圆圈。）　[序号　Y-11-03]

序号：Y-11-01
特征：全岛

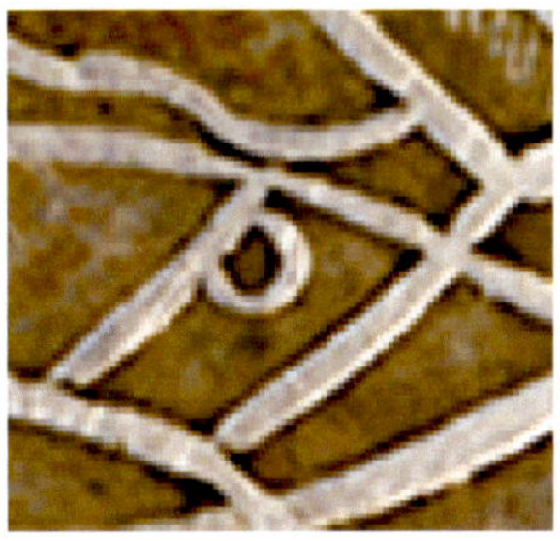

序号：Y-11-02
特征：半岛

序号：Y-11-03
特征：无岛

12.“四”字特点（币背）

（1）内“八”字“四”　（示图之一）　　[序号　示Y-12-01]

（2）内“八”字“四”　（示图之二）　　[序号　示Y-12-02]

（3）内“儿”字“四”　（示图之一）　　[序号　示Y-12-03]

（4）内“儿”字“四”　（示图之二）　　[序号　示Y-12-04]

说明：“四”字均有多种字体。

序号：示Y-12-01

特征：内“八”字“四”（示图之一）

序号：示Y-12-02

特征：内“八”字“四”（示图之二）

序号：示Y-12-03

特征：内“儿”字“四”（示图之一）

序号：示Y-12-04

特征：内“儿”字“四”（示图之二）

13.星花特点（币背）

（1）花星　　　　　　　　　　　　　［序号　Y-13-01］

（2）十字星（中有孔）　　　　　　　［序号　Y-13-02］

（3）十字星（中无孔）　　　　　　　［序号　Y-13-03］

序号：Y-13-01
特征：花星

序号：Y-13-02
特征：十字星（中有孔）

序号：Y-13-03
特征：十字星（中无孔）

14、“陕”字特点（币正）

（1）楷“陕”(示图之一)　[序号　示Y-14-01]

（2）楷“陕”(示图之二)　[序号　示Y-14-02]

（3）简“陕”(示图之一)　[序号　示Y-14-03]

（4）简“陕”(示图之二)　[序号　示Y-14-04]

（5）单点简陕“陕”（示图之一)　[序号　示Y-14-05]

（6）单点简陕“陕”（示图之二)　[序号　示Y-14-06]

说明：楷“陕”或简“陕”均有多种字体。

序号：示Y-14-01
特征：楷“**陕**”（示图之一）

序号：Y-14-02
特征：楷“**陕**”（示图之二）

序号：示Y-14-03
特征：简“陕”（示图之一）

序号：示Y-14-04
特征：简“陕”（示图之二）

序号：示Y-14-05
特征：单点简陕“**陕**”（示图之一）

序号：示Y-14-06
特征：单点简陕“**陕**”（示图之二）

15. “共”字特点（币正）

（1）草头“共” [序号 示Y-15-01]

（2）业头“共” [序号 示Y-15-02]

（3）业头“共”双出头 [序号 示Y-15-03]

（4）业头“共”单出头 [序号 示Y-15-04]

说明：“共”字均有多种字体。

序号：示Y-15-01
特征：草头“共”

序号：示Y-15-02
特征：业头“**共**”

序号：示Y-15-03
特征：业头“**共**”双出头

序号：示Y-15-04
特征：业头“**共**”单出头

16. “國”字特点（币正）

（1）“國”字中的“口”左上开口 [序号 示Y-16-01]

（2）“國”字中的“口”左上合口 [序号 示Y-16-02]

（3）“國”字中的“口”右下开口 [序号 示Y-16-03]

（4）“國”字中的“口”右下合口 [序号 示Y-16-04]

（5）“國”字中的“口”左上和右下均开口 [序号 示Y-16-05]

（6）“國”字中的“口”左上和右下均合口 [序号 示Y-16-06]

（7）“國”字第二画落笔带“钩” [序号 示Y-16-07]

（8）“國”字第二画落笔不带“钩” [序号 示Y-16-08]

说明：“國”字均有多种字体。

序号：示Y-16-01
特征：“口”左上开口

序号：示Y-16-02
特征：“口”左上合口

序号：示Y-16-03
特征：“口”右下开口

序号：示Y-16-04
特征：“口”右下合口

序号：示Y-16-05
特征："口"左上和右下均开口

序号：示Y-16-06
特征："口"左上和右下均合口

序号：示Y-16-07
特征："國"字第二画落笔带"钩"

序号：示Y-16-08
特征："國"字第二画落笔不带"钩"

17.“壹”字特点（币正）

（1）“壹”字中的“豆”第一画为长横“豆”（第一横比下“口”字长，简称“宽豆”。） [序号 示Y-17-01]

（2）“壹”字中的“豆”第一画为短横“豆”（第一横比下“口”字短，简称“窄豆”。） [序号 示Y-17-02]

（3）“壹”字中的“士”为粗头“士”（第二竖出头处较粗。） [序号 示Y-17-03]

（4）“壹”字中的“士”为细头“士”（第二竖出头处较细。） [序号 示Y-17-04]

说明：“壹”字均有多种字体。

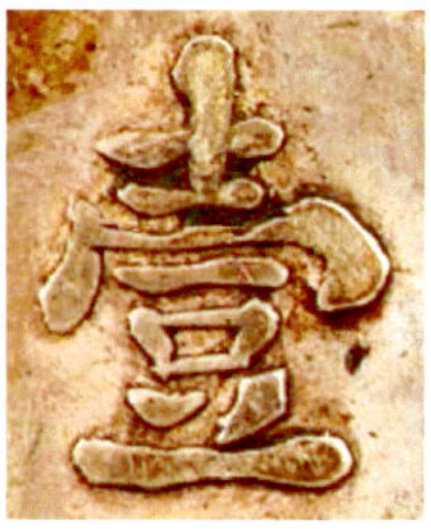

序号：示Y-17-01
特征：“宽豆”

序号：示Y-17-02
特征：“窄豆”

序号：示Y-17-03
特征：粗头“士”

序号：示Y-17-04
特征：细头“士”

18.“圆”字特点（币正）

（1）“圆”字中的外“口”第二画平而不拱（简称“平圆”）

[序号　示Y-18-01]

（2）“圆”字中的外“口”第二画略呈拱形（简称“拱圆”）

[序号　示Y-18-02]

（3）“圆”字中的外“口”左上开口，右下合口、左下合口

[序号　示Y-18-03]

（4）“圆”字中的外“口”左上开口，右下合口、左下开口

[序号　示Y-18-04]

（5）“圆”字中的外“口”左上开口，右下开口、左下合口

[序号　示Y-18-05]

（6）“圆”字中的外“口”左上开口，右下开口、左下开口

[序号　示Y-18-06]

（7）“圆”字中的外“口”左上合口，右下合口、左下开口

[序号　示Y-18-07]

（8）“圆”字中的外“口”第二画落笔带“钩”　[序号　示Y-18-08]

（9）“圆”字中的外“口”第二画落笔不带“钩”[序号　示Y-18-09]

（10）“圆”字中的“貝”为有钩“　”（第二画带钩）

[序号　示Y-18-10]

（11）“圆”字中的“貝”为无钩“貝”（第二画不带钩）

[序号　示Y-18-11]

（12）“圆”字中的“貝”第二画与第五画相连）[序号　示Y-18-12]

（13）“圆”字中的“貝”第二画与第五画不相连）

[序号　示Y-18-13]

（14）“圓”字中的“貝”为连点“貝”（第二画与第七画相连）

[序号　示Y-18-14]

（15）“圓”字中的“貝”为不连点“貝”（第二画与第七画不相连）

[序号　示Y-18-15]

（16）“圓”字中的“貝”（第一画与第三画第四画相连）

[序号　示Y-18-16]

（17）“圓”字中的“貝”（第一画与第三画第四画不相连）

[序号　示Y-18-17]

说明：“圓”字均有多种字体。

序号：示Y-18-01
特征：平圓

序号：示Y-18-02
特征：拱圓

序号：示Y-18-03
特征：外“口”左上开口
右下合口　左下合口

序号：示Y-18-04
特征：外“口”左上开口
右下合口　左下开口

序号：示Y-18-05
特征：外“口”左上开口
右下开口　左下合口

序号：示Y-18-06
特征：外“口”左上开口
右下开口　左下开口

序号：示Y-18-07
特征：外“口”左上合口　右下合口
左下开口

序号：示Y-18-08
特征：外“口”第二画落笔带“钩”

序号：示Y-18-09
特征：外“口”第二画落笔不带“钩”

序号：示Y-18-10
特征：“貝”字第二画带“钩”

序号：示Y-18-11
特征：“貝”字第二画不带“钩”

序号：示Y-18-12
特征：“貝”字第二画与第五画相连

序号：示Y-18-13
特征：“貝”字第二画与第五画不相连

序号：示Y-18-14
特征：“貝”字第二画与第七画相连

序号：示Y-18-15
特征：“貝”字第二画与第七画不相连

序号：示Y-18-16
特征：“貝”字第一画与第三画第四画相连

序号：示Y-18-17
特征：“貝”字第一画与第三画第四画不相连

19.珠圈特点（币正）

（1）大珠圈　　Φ21～Φ23毫米

（2）小珠圈　　直径＜Φ20毫米

（3）散珠圈　　　　　　　　　　　　　　　　［序号　示Y-19-01］

（4）连珠圈　　　　　　　　　　　　　　　　［序号　示Y-19-02］

（5）散连珠圈（散珠、连珠均为不规则圈）　　［序号　示Y-19-03］

序号：示Y-19-01

特征：散珠圈

序号：示Y-19-02

特征：连珠圈

序号：示Y-19-03

特征：散连珠圈（不规则圈）

20.字体大小

（1）小字体　币正、币背的文字数字较小　字高约4毫米

（2）大字体　币正、币背的文字数字较大　字高约5毫米

说明：同枚币中文字数字存在尺寸差异，判定时按相同文字对比确定，未包括“壹圆”字高尺寸。

21.边轮齿型

有多种不同的边轮齿形：

（1）宽齿　[序号　Y-21-01]

（2）窄齿　[序号　Y-21-02]

（3）锥齿　[序号　Y-21-03]

（4）斜齿　[序号　Y-21-04]

（5）乱齿（不规整齿）　[图示　Y-21-05]

（6）浅齿　[图示　Y-21-06]

说明：银币边轮齿是不规整的。有些银币是多种边轮齿形并存。

序号：Y-21-01
特征：宽齿

序号：Y-21-02
特征：窄齿

序号：Y-21-03
特征：锥齿

序号：Y-21-04
特征：斜齿

序号：Y-21-05
特征：乱齿
（不规整齿）

序号：Y-21-06
特征：浅齿

22.币正、币背图案角度位置偏移

23.复压

目前仅见壹圆银币有局部复压的，且数量极少。 [序号 Y-23-01]

序号：Y-23-01
特征：局部复压

（三）对判定程序的说明

1. 在判定程序中，第1～第21程序为基本的判定程序，其中第2（币正“五角星”图案）和第3、第4、第5、第6、第7、第8（币背“镰刀锤子”图案）程序为关键判定程序。

2. 第22～第23程序为特殊的判定程序。原因是：这两类钱币缺陷主要是由于造币设备精度、造币模具定位等条件所限造成的。可作为同一版式中的特殊趣味钱币来划分，也可作为特殊版式来判定。

四.对版式划分判定的说明

对川陕苏区壹圆银币的版式划分判定中没有列入的因素有：

1. 文字数字的字体差异，各种文字数字和图案及边轮齿的尺寸差异。

2. 字体图案线条因压制工艺、模具磨损、币材质量等原因形成的粗细不一、局部变形、不清晰、增多线条等。

3. 对镰锤局部实心的确定，不对实心部位大小的区别做判定。

4. 边廓齿的齿形及尺寸差异。

5. 制模产生的布纹或丝纹以及模具裂纹。

6. 钱币重量。因壹圆银币的尺寸（直径×厚度）存在差异，加之币材含银量的差异，造成该币重量的变化，则无法按版式要求制定判定标准。

7. 川陕苏区壹圆银币的大版式（按判定程序的第2、第3、第4、第5、第6、第7、第8这七项关键程序判定），在《川陕革命根据地货币图录》一书中展示的有21种：

1933年版　大套星类　　1种

1934年版　小实星类　　8种

大实星类　　7种

直长星类　　1种

弧长星类　　1种

小套星类　　1种

大套星类　　1种

空星类　　　1种

（另：在编著本书时，又发现正角小实星类新大版式1种，则共计已有22种大版式。）

川陕苏区大200文铜币
版类（式）研究图鉴

一、简介

币正

上部：文字（左起）
“川陕省苏维埃政府造币厂造”
中部：蜜蜂图案，两侧橄榄枝环包
“200”面额（阿拉伯数字）
下部：文字（左起）“一九三三年”
（或“一九三四年）”
边廓：边廓齿（齿边）或无边廓齿（光边）

币背

上部：文字（右起）
“全世界无产阶级联合起来”
中部：镰刀锤子图案和三颗实心五角星图案
两侧各一花星
下部：俄文（左起）“CCZC”
边廓：边廓齿（齿边）或无边廓齿（光边）

另：无边轮齿

川陕苏区大200文铜币全貌图

川陕苏区大200文铜币，是川陕省苏维埃政权建立以后于1933年4月许最早发行流通的金属货币，至1935年4月停止生产，制造发行时间两年，其发行量大，流通时间长，流通地域广，在川陕苏区金融事业中发挥过重要作用。由于这种铜币是在当年制币设备原始、制币工艺简陋、制币模具低劣、制币材料粗糙的艰苦条件下所生产制造出来的，其币甚显粗糙，但文字图案具有鲜明的时代特征和高度的政治意义（见大200文铜币全貌图）。同样也致使这种铜币形成了众多的版类（式），在《川陕革命根据地货币图录》一书中展示了57种大版类（式）的共计179种版类（式）。本书以大200文铜币实物为据，进行整理、分类、对比、研究，对川陕苏区大200文铜币的版类（式）提出判定程序和图示。

二、确定版式或版类（式）

川陕苏区大200文铜币按“版类（式）”判定。

这里提出了一个全新的概念“版类（式）”，这是由于当年川陕苏区艰苦条件所致，其发行流通的大200文铜币从质量上讲，是不能按严格的钱币学的概念来衡量的，由此而造成的众多版式也是不能按照严格的钱币学的概念来判定和划分的。如果要严格划分，几乎可以讲一个大200文铜币就是一种版式。而这样，就无法对该币进行版式的分类判定和研究了。为此，本书提出，对川陕苏区大200文铜币这样一种成币特殊的钱币应以“版类（式）”来作出一种特殊的判定定义，即：对按判定程序进行分类判定时，凡属同一副模具生产制造出来的大200文铜币，不受其币材缺陷、工艺缺陷等众多制造因素形成的千变万化的图案不齐、文字不清、尺寸不一等式样，均判定划分为同一类版式，这种判定方法称为“版类（式）”判定法。这样，才能对大200文铜币版式研究有一个确定的规范，同时，为这一种特殊的版式判定的确立并与一般的版式判定相区分，提出“版类（式）”这一概念。

三、大200文铜币（T1）版类（式）的判定程序和图示

（一）川陕苏区大200文铜币版类（式）判定程序

1.年代（币正）——2.镰锤和五角星图案（币背）——3.数字“200”（币正）——4.蜜蜂图案（币正）——5.橄榄枝图案（币正）——6.齿边和光边—7.钱币尺寸（直径×厚度）——8.钱币材质（不同铜质）——9.文字图案反向（币背）——10.带珠圈（币正）——11.钱币缺陷——12.钱币涂红。

（二）按程序分项图示说明

1.年代（币正）

川陕苏区大200文铜币只有两个年号，即：

“一九三三年”版　　[序号　示T1-1-01]

“一九三四年”版　　[序号　示T1-1-02]

说明：“一九三三年”版有多种字体。

序号：示T1-1-01

特征：“一九三三年”版

序号：示T1-1-02

特征：“一九三四年”版

2.镰锤和五角星图案（币背）

这是川陕苏区大200文铜币版类（式）判定的关键程序，是指币背面共产党领导的苏维埃政权的显著标志——镰刀锤子（或斧头）和三个实心五角星的图案。其主要特征是：

（1）左镰柄 [序号 示T1-2-01]

（2）右镰柄 [序号 示T1-2-02]

（3）镰锤（斧）空心，内带细实线 [序号 示T1-2-03]

（4）镰锤（斧）头空心，锤（斧）柄实心、不出头 [序号 示T1-2-04]

（5）镰锤（斧）头空心，锤（斧）柄实心、出头 [序号 示T1-2-05]

（6）镰锤（斧）半实心，锤（斧）柄实心 [序号 示T1-2-06]

（7）镰锤（斧）全实心 [序号 示T1-2-07]

（8）锤头与斧头之分 [序号 示T1-2-08～序号 示T1-2-09]

（9）五角星均为实心五角星，分为：

小五角星（星长约3-4毫米） [序号 示T1-2-10]

大五角星（星长约5-7毫米） [序号 示T1-2-11]

特大五角星（星长8毫米） [序号 示T1-2-12]

不规正五角星 [序号 示T1-2-13]

五角星中带孔 [序号 示T1-2-14]

序号：示T1-2-01
特征：左镰柄

序号：示T1-2-02
特征：右镰柄

序号：示T1-2-03
特征：镰锤（斧）空心　内细实线

序号：示T1-2-04
特征：镰锤（斧）头空心
锤（斧）柄实心 不出头

序号：示T1-2-05
特征：镰锤（斧）头空心
锤（斧）柄实心 出头

序号：示T1-2-06
特征：镰锤（斧）半实心
锤（斧）柄实心

序号：示T1-2-07
特征：镰锤（斧）全实心

序号：示T1-2-08
特征：锤头

序号：示T1-2-09
特征：斧头

序号：示T1-2-10
特征：小五角星

序号：示T1-2-11
特征：大五角星

序号：示T1-2-12
特征：特大五角星

序号：示T1-2-13
特征：不规正五角星

序号：示T1-2-14
特征：五角星中带孔

综上主要特征，在《川陕革命根据地货币图录》一书中登录了57种大版类（式），现按“T1-特-01～T1-特-57”序号展示如下：

序号：T1-特-01

特征：镰锤空心

（内细实线、锤头中横竖线均有）

右镰把 小五星

序号：示T1-特-02

特征：镰锤空心

（内细实线、锤头中均竖线）

右镰把 小五星

序号：T1-特-03

特征：镰锤半实心（内细实线）

右镰把（长） 小五星

序号：T1-特-04

特征：镰锤空心（锤头内细实线少）

锤杆实心（不出头）

右镰把 小五星

序号：T1-特-05
特征：镰锤空心（内细实线多）
锤杆实心（不出头）
右镰把　小五星

序号：T1-特-06
特征：镰锤空心（内细实线）
锤头小锤杆实心（不出头）
右镰把　小五星

序号：T1-特-07
特征：镰锤空心（内细实线）
锤杆实心（出头）　镰锤间距长
右镰把　小五星

序号：T1-特-08
特征：镰锤空心（内细实线）　锤头小
镰刀宽　锤杆实心（出头）
镰锤间距长　右镰把　小五星

序号：T1-特-09
特征：镰锤空心（内细实线）
锤头小　锤杆实心（出头）
镰锤间距小 右镰把　小五星

序号：T1-特-10
特征：镰锤空心
（镰刀内细实线零乱较少）
锤杆实心（出头）右镰把　小五星

序号：T1-特-11
特征：镰锤空心（锤头长且内细实线少）
锤杆实心（出头）
右镰把 小五星

序号：T1-特-12
特征：镰锤空心（锤头长且内细实线多）
锤杆实心（出头）
右镰把 小五星

序号：T1-特-13
特征：镰锤空心（镰刀右半部无细实线）
锤杆实心（出头）
右镰把 小五星

序号：T1-特-14
特征：镰锤空心（内细实线）
锤杆长实心（出头）
右镰把 小五星

序号：T1-特-15
特征：镰锤空心（内细实线）
锤头高 且右边斜线
锤杆实心（出头）右镰把 小五星

序号：T1-特-16
特征：镰锤空心（内细实线） 锤头高
且右边线竖直 锤杆实心（出头）
右镰把 小五星

序号：T1-特-17
特征：镰锤空心（内细实线且外轮廓线粗）
锤头小 锤杆实心（出头）
右镰把 小五星

序号：T1-特-18
特征：镰锤空心
（内细实线且锤头内右侧多一竖直线）
锤杆实心（出头） 右镰把 小五星

序号：T1-特-19
特征：镰锤空心
（内细实线且镰刀左侧细实线竖直）
锤杆实心（出头）
右镰把（右轮廓线右斜） 小五星

序号：T1-特-20
特征：镰锤空心（内细实线） 锤头外
轮廓线粗（左部成台阶状斜线）
锤杆实心（出头） 右镰把 小五星

序号：T1-特-21
特征：镰锤空心（内细实线）
镰刀左部宽 锤杆实心（出头）
右镰把 小五星

序号：T1-特-22
特征：镰锤空心
（内细实线且镰刀内细实线较粗）
锤头右下部略弯
锤杆实心（出头） 右镰把 小五星

序号：T1-特-23
特征：镰锤空心
（内细实线且锤头左侧细实线竖直）
锤杆实心（出头且中部有一横实线）
右镰把 小五星

序号：T1-特-24
特征：镰锤空心（内细实线）
镰锤间有两弧杠 锤杆实心（出头）
右镰把 小五星（右星与镰把间距长）

序号：T1-特-25
特征：镰半实心
锤头左部半实心（内细实线）
锤杆细实心（出头）
右镰把 小五星

序号：T1-特-26
特征：镰半实心
锤头右部半实心（内细实线）
锤杆实心（出头）
右镰把 小五星

序号：T1-特-27
特征：镰实心（较窄）
锤头半实心（内横细实线）
锤杆细长实心（出头）
右镰把 小五星

序号：T1-特-28
特征：镰实心 锤头半实心
锤杆实心（出头） 右镰把
左五星大（中、右五星小）

序号：T1-特-29

特征：镰实心 锤头半实心
锤杆细实心（出头）
右镰把 小五星

序号：T1-特-30

特征：镰实心（左部宽）
锤头半实心（内竖细实线）
锤杆实心（出头） 右镰把
小五星（三个五星正向）

序号：T1-特-31

特征：镰实心（左部宽）
锤头半实心 锤杆实心（出头）
右镰把（宽） 小五星

序号：T1-特-32

特征：镰实心 锤头半实心
锤杆实心（出头）
右镰把 大五星

序号：T1-特-33

特征：镰实心 锤头半实心
锤杆实心（不出头）
右镰把 大五星

序号：T1-特-34

特征：镰锤半实心 锤杆实心（出头）
右镰把 大五星

序号：T1-特-35
特征：镰锤半实心　锤杆实心（出头）
右镰把　大五星（不规正）

序号：T1-特-36
特征：镰锤实心　锤杆出头
右镰把　大五星

序号：T1-特-37
特征：镰锤实心　锤杆出头
右镰把（两侧斜度较大）　大五星

序号：T1-特-38
特征：镰锤实心
锤头方正（带边框凸线）
锤杆出头　右镰把　大五星

序号：T1-特-39
特征：镰锤实心　锤头左部斜度大
锤杆出头　右镰把　小五星

序号：T1-特-40
特征：镰锤实心　锤头左部锥度
锤杆不出头
右镰把　大五星（不规正）

序号：T1-特-41
特征：镰锤实心 锤杆不出头
右镰把　小五星（中有孔）

序号：T1-特-42
特征：镰锤实心 镰锤间有两弧杠
锤杆出头 右镰把　小五星

序号：T1-特-43
特征：镰锤实心 锤杆出头 右镰把
小五星（异样、右五星多一角）

序号：T1-特-44
特征：镰锤实心 镰锤间左侧有宽弧杠
锤杆出头 右镰把
小五星（在凹圆内）

序号：T1-特-45
特征：镰锤实心 镰刀宽 锤头长
锤杆出头 右镰把　大五星

序号：T1-特-46
特征：镰锤实心
锤杆出头（上连星下连字）
左镰把　大五星

序号：T1-特-47

特征：镰锤实心

锤杆出头（上连星下连字）

左镰把　大五星（左星稍小）

序号：T1-特-48

特征：镰锤实心

锤杆出头（上连星下不连字）

左镰把　大五星

序号：T1-特-49

特征：镰锤实心

锤杆出头（不连星不连字）

左镰把　大五星

序号：T1-特-50

特征：镰锤实心（带边框凸线）

锤头成斧头状　锤杆细出头

左镰把　大五星

序号：T1-特-51

特征：镰锤实心　锤头右部弧形斜度

锤杆出头　左镰把　大五星

序号：T1-特-52

特征：镰锤实心（较小）

锤头右部弧形斜度

锤杆细出头　左镰把　大五星

序号：T1–特–53
特征：镰锤实心 锤头成斧头状
锤杆出头 左镰把
特大五星（中有孔）

序号：T1–特–54
特征：镰锤实心 锤杆出头
左镰把 特大五星

序号：T1–特–55
特征：镰锤实心（锤横向）
锤头右部台阶状
锤杆出头 左镰把 小五星

序号：T1–特–56
特征：镰锤实心 锤杆出头
左镰把 大五星（不规正）

序号：T1–特–57（“一九三四年”版）
特征：镰锤实心（镰刀较窄）
锤杆出头（上连星下连字）
左镰把 大五星

3.数字“200”（币正）

数字“200”是指川陕苏区大200铜币正面所标示的面额数字。

（1）有“正200”的（序号　示T1-3-01）。

（2）有“反200”的两种。

一种数字排列为“002”（序号　示T1-3-02）；

一种数字排列为“00Ƨ”（序号　示T1-3-03）。

（3）数字“200”存在字体不同而形成的多种式样。比较特殊的有：

“2”字像英文字母“Z”形状的（序号　示T1-3-04）；

“2”字成不规则形状的（序号　示T1-3-05）；

“2”字成连口“2”的（序号　示T1-3-06）；

“0”字像长方形状的（序号　示T1-3-07）。

说明：数字“200”均有多种字体。

序号：示T1-3-01
特征：正“200”

序号：示T1-3-02
特征：反“002”

序号：示T1-3-03
特征：反“00Ƨ”

序号：示T1-3-04
特征：“z”形“2”

序号：示T1-3-05
特征：不规则形“2”

序号：示T1-3-06
特征：连口“2”

序号：示T1-3-07
特征：长方形“0”

4.蜜蜂图案（币正）

蜜蜂图案在数字“200”下方，有多种变化的图案，主要特征有：

（1）蜜蜂有须 [序号　示T1-4-01]

（2）蜜蜂无须 [序号　示T1-4-02]

（3）蜜蜂六翅 [序号　示T1-4-03]

（4）蜜蜂四翅 [序号　示T1-4-04]

（5）蜂翅中有细实线 [序号　示T1-4-05]

（6）蜂翅中有点状线 [序号　示T1-4-06]

（7）蜂翅中有细实线和点状线 [序号　示T1-4-07]

（8）蜂翅及蜂身中无点或线 [序号　示T1-4-08]

（9）蜂身中有细实线 [序号　示T1-4-09]

（10）蜂身中有点状线　[序号　示T1-4-10]

（11）蜜蜂半实心（示图之一）　[序号　示T1-4-11]

（12）蜜蜂半实心（示图之二）　[序号　示T1-4-12]

（13）蜜蜂半实心（示图之三）　[序号　示T1-4-13]

（14）蜜蜂全实心　[序号　示T1-4-14]

（15）蜜蜂成全实心枫叶状　[序号　示T1-4-15]

序号：示T1-4-01
特征：有须

序号：示T1-4-02
特征：无须

序号：示T1-4-03
特征：六翅

序号：示T1-4-04
特征：四翅

序号：示T1-4-05
特征：蜂翅中有细实线

序号：示T1-4-06
特征：蜂翅中有点状线

序号：示T1-4-07
特征：蜂翅中有细实线和点状线

序号：示T1-4-08
特征：蜂翅及蜂身中无点或线

序号：示T1-4-09
特征：蜂身中有细实线

序号：示T1-4-10
特征：蜂身中有点状线

序号：示T1-4-11
特征：半实心（示图之一）

序号：示T1-4-12
特征：半实心（示图之二）

序号：示T1-4-13
特征：半实心（示图之三）

序号：示T1-4-14
特征：全实心

序号：示T1-4-15
特征：全实心枫叶状

5.橄榄枝图案（币正）

橄榄枝图案在数字“200”的两侧，有多种式样，其图案变化的主要特征有：

（1）枝、叶变化（示图之一） [序号　示T1-5-01]

（2）枝、叶变化（示图之二） [序号　示T1-5-02]

（3）枝、叶变化（示图之三） [序号　示T1-5-03]

（4）枝上带实心花 [序号　示T1-5-04]

（5）枝上带花且花中有孔点 [序号　示T1-5-05]

②直径（Φ）中若正负公差超过1毫米，即直径（Φ）达到Φ34毫米以下或Φ36毫米以上，为特小型版类（式）或特大型版类（式）。

③综上所述，大200文铜币的直径尺寸可列为5种版类（式），即：

特小型　　可表述为　＜Φ34毫米

小型　　可表述为　≥Φ34～＜Φ34.5毫米

普通型　　可表述为　≥Φ34.5～≤Φ35.5毫米

大型　　可表述为　＞Φ35.5～≤Φ36毫米

特大型　　可表述为　＞Φ36毫米

（2）厚度

①厚度（δ）以正负公差0.3毫米以内的均为同一版类（式）正常尺寸（可表述为δ2±0.3毫米）。即从厚度δ1.7毫米至厚度δ2.3毫米的均在同一版类（式）规范内，可称其为普通版类（式）。其超过上列正负公差范围的则按薄型版类（式）或厚型版类（式）归类。

②厚度（δ）中若正负公差超过0.5毫米，即厚度（δ）达到δ1.5毫米以下或δ2.5毫米以上，是为特薄型版类（式）或特厚型版类（式）。

③综上所述，大200文铜币的厚度尺寸可列为5种版类（式），即：

特薄型　　可表述为　＜δ1.5毫米

薄型　　可表述为　≥δ1.5～＜δ1.7毫米

普通型　　可表述为　≥δ1.7～≤δ2.3毫米

厚型　　可表述为　＞δ2.3～≤δ2.5毫米

特厚型　　可表述为　＞δ2.5毫米

8、钱币材质（铜）

川陕苏区大200文铜币的材质亦如前所述的由于艰苦条件所致导致铜币材质来源不一，造成该币的铜质成分是很不一致且不纯的，但大致可分为三种来归类判定，即：

（1）红铜　　　　　　　　　　　　　　　　　　　[序号　T1-8-01]

（2）混合铜　　　　　　　　　　　　　　　　　　[序号　T1-8-02]

（3）黄铜　　　　　　　　　　　　　　　　　　　[序号　T1-8-03]

上述三类材质中，红铜数量居多，混合铜次之，黄铜较少。

序号：T1-8-01
特征：红铜

序号：T1-8-02
特征：混合铜

序号：T1-8-03
特征：黄铜

9.文字图案反向（币背） [序号　T1-9-01]

序号：T1-9-01
特征：文字图案反向

10.带珠圈（币正） [序号　T1-10-01]

序号：T1-10-01
特征：带珠圈（币正）

11.钱币缺陷

钱币缺陷是指“复压”（序号　示T1-11-01）和“错移”（序号　示T1-11-02）两类。这在川陕苏区发行流通的大200文铜币中数量不少，在币正面或币背面甚至币两面都存在。如果严格按照钱币学的概念和现代正规造币的条件，发生这类缺陷的钱币都是废品，是不能流通于市的。但在川陕苏区创立时的艰苦岁月和环境下，作为苏维埃政权建设的金融事业，从钱币生产到流通就无法那么严格了。只要是有明显的苏维埃标示的钱币就能在苏区发行并流通。从现在来看，这类钱币既体现了当年创业的艰难和伟绩，又增加了当今收藏和研究的兴味。既可以作为同一版类（式）中的特殊趣味钱币来划分，也可作为特殊版类（式）来判定。另外，对大200文铜币中因材质缺陷如熔铸凹坑、板材凹陷、裂纹、折叠、缺边等因素造成的钱币缺陷不归入这一类的版类（式）中。

序号：示T1-11-01
特征：复压

序号：示T1-11-02
特征：错移

12.钱币涂红

在川陕苏区大200文铜币（也包括川陕苏区发行的500文铜币和小200文铜币）中，有一种奇特现象，即在铜币通体涂上一层红色的颜料见[序号　示T1-12-01]。据有关资料推测有两种含义：一是在钱币上体现出“红色货币”和“赤化全川”的意义；二是作为特殊钱币奖给有功人员和慰问伤病员之用。但不管怎样，这类钱币都为今天钱币收集研究提供了特殊意义的乐趣。此类涂红钱币存世量不太多，同样可作为特殊版类（式）来判定。

序号：示T1-12-01
特征：涂红

（三）对判定程序的说明

1.在判定程序中，第1～第10程序为基本判定程序，其中第2程序为关键判定程序。

2.第11～第12为特殊判定程序。

四、对版类（式）划分判定的说明

在对川陕苏区大200文铜币版类（式）判定程序中没有列入的因素有：

1.四项字体的判定

（1）币正面的文字“川陕省苏维埃政府造币厂造”字体；

（2）币正面的年号“一九三三年”或“一九三四年”字体；

（3）币背面的文字“全世界无产阶级联合起来”字体；

（4）币背面的俄文缩写“CCZC”字体。

其原因是，由于制币条件所限，极难见到这四项文字均清晰可辨的大200文铜币，在分类整理研究方面无法准确地判定。而按上述已列判定程序确定的可辨认的该币，其币正面和币背面的这四项文字字体与图案是一致的，则在本书中省略去这四项文字字体的判定程序而不会影响到对川陕苏区大200文铜币版类（式）的判定。

2.钱币重量的判定

由于大200文铜币的尺寸（直径×厚度）普遍差异极大，加之制币铜材的多种性，造成该币重量的千变万化，则无法按版类（式）要求制定判定标准，为此，本书未将钱币重量一项列入版类（式）的判定程序。

3.各种文字数字和图案的尺寸差异

4.齿边的齿形及尺寸差异，光边的线环廓粗细差异

5.大200文铜币币正面图文与币背面图文的位置角度偏移

6.制模产生的布纹、丝纹以及模具裂纹

7.川陕苏区大200文铜币的大版类（式）[按判定程序“2.镰锤（斧）和五角星图案（币背）”判定]，在《川陕革命根据地货币图录》一书中展示的有57种。

量等多种原因，致使小200文铜币也形成了众多版式。在《川陕革命根据地货币图录》一书中已展示的有27种大版式,8种特殊版式,共计35种版式。原对小200文铜币的版式仅从一些明显的特征予以判定，而没有建立系统的判定模式。为此，本书以小200文铜币实物为据，进行整理、分类、对比、研究，对川陕苏区小200文铜币的版式提出判定程序和图示。

二、确定版式或版类（式）

川陕苏区小200文铜币按“版式”判定。

三、川陕苏区小200文铜币（T2）版式判定程序和图示

（一）川陕苏区小200铜币版式判定程序

1.钱币直径（Φ）——2.边廓特点——3.“1934”数字特点（币背）——4.“1934”位置特点（币背）——5.锤柄位置（币背）——6.镰柄位置（币背）——7.镰刀位置（币背）——8.镰刀长短（币背）——9.五角星尖位置（币背）——10.“二百文”距离（币正）——11.“陕”字变异（币正）—— 12.“幣”字变异（币正）——13.“2”字变异（币正）——14.“蘇”字特点（币正）——15.镰柄粗大（币背）——16.钱币厚度（δ）——17.钱币材质——18.工艺缺陷——19.币材缺陷——20.钱币涂红。

（二）以下按程序分项图示说明

1.钱币直径（Φ）

这是版式判定的关键程序之一。

（1）大版　≥Φ29～Φ30毫米

（2）小版　Φ28～＜Φ29毫米

2.边廓特点

这是版式判定的关键程序之二。

（1）边廓带齿　（简称“齿边”）　［序号　T2-2-01］

（2）边廓无齿　（简称“光边”）　［序号　T2-2-02］

序号：T2-2-01
特征：边廓齿边

序号：T2-2-02
特征：边廓光边

8.镰刀长短（币背）

（1）镰刀长离锤头近　　[序号　T2-8-01]

（2）镰刀短离锤头远　　[序号　T2-8-02]

（3）镰刀长超过锤头　　[序号　T2-8-03]

序号：T2-8-01
特征：离锤头近

序号：T2-8-02
特征：离锤头远

序号：T2-8-03
特征：超过锤头

9.五角星尖位置（币背）

（1）与边廓线（齿）相连　　[序号　T2-9-01]

（2）与边廓线（齿）不相连　　[序号　T2-9-02]

（3）与边廓线（齿）两尖相连、三尖不相连　　[序号　T2-9-03]

（4）与边廓线（齿）三尖相连、两尖不相连　　[序号　T2-9-04]

序号：T2-9-01
特征：与边廓线（齿）相连

序号：T2-9-02
特征：与边廓线（齿）不相连

序号：T2-9-03
特征：与边廓线（齿）
两尖相连　三尖不相连

序号：T2-9-04
特征：与边廓线（齿）
三尖相连　两尖不相连

10.“二百文”距离（币正）

（1）长距　　约11～12毫米

（2）短距　　约10毫米

11.“陕”字变异（币正）

（1）“陕”字中　两点短　　[序号　示T2-11-01]

（2）“陕”字中　两点长　　[序号　示T2-11-02]

说明：“陕”字有多种字体。

序号：示T2-11-01
特征：两点短

序号：示T2-11-02
特征：两点长

12. “幣”字变异（币正）

（1）“幣”字中两点 [序号　示T2-12-01]

（2）“幣”字中两点（“㡀”）成两横（“㡀”）

[序号　示T2-12-02]

说明：“弊”字有多种字体。

序号：示T2-12-01
特征：两点

序号：示T2-12-02
特征：两点成两横

13. “2”字变异（币正）

“2”字成“2” [序号 T2-13-01]

序号：T2-13-01

特征：“2”成“**2**”

14. “蘇”字特点（币正）

（1）“蘇”字中“魚”的左点与“维”字相连 [序号 示T2-14-01]

（2）“蘇”字中“魚”的左点与“维”字不相连 [序号 示T2-14-02]

说明：“蘇”字有多种字体。

序号：示T2-14-01

特征：“魚”的左点与“维”字相连

序号：示T2-14-02

特征：“魚”的左点与“维”字不相连

20.钱币涂红

钱币涂红是指在钱币表面涂上一层红色颜料。 [序号 示T2-20-01]

序号：示T2-20-01
特征：涂红

（三）对判定程序的说明

1.在判定程序中，第1～第17程序为基本判定程序，其中第1、第2程序为关键判定程序。

2.第18～第19程序为特殊判定程序。原因是：如果按照钱币学的概念和现代正规造币条件，发生以上缺陷的钱币应都是废品，是不能发行流通的。但在川陕苏区创立的艰苦岁月和环境下，作为苏维埃政权建设的金融事业，从钱币生产制造到流通就无法那么严格了，只要是有明显的苏维埃标示的钱币就能在苏区流通。从现在来看，这类缺陷钱币相对存世量很小，它既体现了当年创业环境和条件的艰难，又增加了当今收藏和研究的趣味，可以作为同一版式中的特殊趣味钱币来划分，也可作为特殊版式来判定。

3.第20程序为特殊判定程序。原因是：在钱币表面涂上一层红色颜料，这是川陕苏区所制造流通的三种铜币（500文、小200文、大200文）和布币中所特有的，这在当年各个革命根据地所发行的钱币中也是独有的一种创举。其有两种含义，一是在钱币上体现出“红色货币”和“赤化全川”的意义，二是作为特殊红币奖给有功人员和慰问伤病员之用。小200文铜币不是全部涂红，涂红的仅是很小一部分。目前，这类涂红钱币存世量不太多，它为今天钱币收集研究增添了特殊意义和乐趣。其可作为特殊版式来划分判定。

四、对版式划分判定的说明

对川陕苏区小200文铜币的版式划分判定中没有列入的因素有：

1. 文字数字的字体差异，各种字体和图案的尺寸差异、线条的粗细不一、局部变形等。

2. 字体图案因压制工艺形成的不清晰、不规整，如局部缺线条等。

3. 币正面图文与币背面图文发生位置角度偏移。

4. 齿边的齿形及尺寸差异。光边的线环廓粗细差异。

5. 制模产生的布纹、丝纹以及模具裂纹。

6. 钱币重量。因为小200文铜币的尺寸（直径×厚度）普遍差异很大，加之制币铜材的多种性，造成该币重量同样差异很大，则无法按版式要求制定判定标准。

川陕苏区500文铜币
版式研究图鉴

一、简介

币正

上部：文字（右起）“川陕省苏维埃造”
中部：实线圆圈内“500”面额
　　　实线圆圈两侧各一实心五角星图案
下部：文字（右起）“五百文”
边廓：边廓齿（齿边）

币背

上部：文字（右起）“全世界无产阶级联合起来”
中部：实线五角星内镰刀锤子图案
　　　实线五角星两侧环绕谷穗图案
下部：文字（右起）“一九三四年”
　　　两侧各一实心五角星图案
边廓：边廓齿（齿边）

另：无边轮齿

川陕苏区500文铜币全貌图

川陕苏区500文铜币——是在1933年10月宣达战役胜利后所得的造币厂全套设备和原料等，全部运到通江县城郊西寺，于11月18日正式成立川陕省造币厂，又于1934年1月迁往通江县城东苦草坝得汉城，并于1934年初开始制造的一种苏区铜币。至1935年初又迁往旺苍县黄洋乡桂花村，再后于当年4月停止制造500文铜币，其制造发行历时一年零四个月。500文铜币制作精整美观，文字图案特点鲜明，在当时各个苏区所制作发行的铜币中属于比较有特色的一种（见500文铜币全貌图）。但由于苏区艰苦的环境及其币材原料、技术工艺、模具质量等多种原因，致使500文铜币也形成了众多版式。在《川陕革命根据地货币图录》一书中已展示的有53种大版式和17种特殊版式，共计70种版式。原对500文铜币的版式仅从一些明显特征予以判定，而没有建立系统的判定模式。为此，本书以500文铜币实物为据，进行整理、分类、对比、研究，对川陕苏区500文铜币的版式提出判定的程序和图示。

二、确定版式或版类（式）

川陕苏区500文铜币按“版式”判定。

三、川陕苏区500文铜币（T3）版式判定程序和图示

（一）川陕苏区500文铜币版式判定程序

1. 钱币直径（Φ）——2. 镰柄到谷穗线位置（币背）——3. 锤柄到谷穗线位置（币背）——4. 右谷穗中段线条（币背）——5. 镰锤式样（币背）——6. 镰刀尖位置（币背）——7. “四”字特点（币背）——8. “一九三四年”距离（币背）——9. “联’字特点（币背）——10. “五百文”特点（币正）——11. “五百文”距离（币正）——12. “造”字特点（币正）——13. 币正或币背五角星特点——14. 五角星特点分布——15. “川陕省苏维埃造”距离（币正）——16. 钱币厚度（δ）——17. “年”字变异（币背）——18. “界”字变异（币背）——19. “陕”字变异（币正）——20. 钱币材质——21. 合背——22. 单面压制（另一面为光面）——23. 工艺缺陷——24. 币材缺陷——25. 钱币涂红。

（二）以下按程序分项图示说明

1.钱币直径（Φ）

这是版式判定的关键程序之一。

（1）大版　≥Φ34～>Φ35毫米

（2）小版　>Φ32～<Φ34毫米

2.镰柄到谷穗线位置（币背）

这是版式判定的关键程序之二。

（1）镰柄过一线　[序号　T3-2-01]

（2）镰柄到二线　[序号　T3-2-02]

（3）镰柄过二线　[序号　T3-2-03]

（4）镰柄到三线　[序号　T3-2-04]

（5）镰柄过三线　[序号　T3-2-05]

序号：T3-2-01
特征：过一线

序号：T3-2-02
特征：到二线

4.右谷穗中段线条（币背）

（1）四线条 [序号 T3-4-01]

（2）三线条 [序号 T3-4-02]

序号：T3-4-01
特征：四线条

序号：T3-4-02
特征：三线条

5.镰锤式样（币背）

（1）镰锤相交 [序号 T3-5-01]

（2）镰压锤 [序号 T3-5-02]

（3）锤头或锤柄实心有细实线 [序号 T3-5-03]

（4）锤头或锤柄实心无细实线 [序号 T3-5-04]

（5）镰刀和镰柄均为实心 [序号 T3-5-05]

序号：T3-5-01
特征：镰锤相交

序号：T3-5-02
特征：镰压锤

序号：T3-5-03
特征：锤头或锤柄实心有细实线

序号：T3-5-04
特征：锤头或锤柄实心无细实线

序号：T3-5-05
特征：镰刀和镰柄均为实心

18.“界”字变异（币背）

“界”字中“田”成“曰” [序号　示T3-18-01]

说明：“界”字有多种字体。

序号：示T3-18-01

特征：“田”成“曰”

19.“陕”字变异（币正）

（1）“陕”字中的两斜点（“夹”）成一横（“夫”）

[序号　示T3-19-01]

（2）“陕”字中的两斜点（“夹”）成一横一点（“夫”）

[序号　示T3-19-02]

说明：“陕”字有多种字体。

序号：示T3-19-01

特征：两斜点成一横

序号：示T3-19-02

特征：两斜点成一横一点

20.钱币材质

（1）红铜　　　　　　　　　　　　　　　　　　　　［序号　T3-20-01］

（2）混合铜　　　　　　　　　　　　　　　　　　　［序号　T3-20-02］

序号：T3-20-01
特征：红铜

序号：T3-20-02
特征：混合铜

21.合背　　　　　　　　　　　　　　　　　　　　［序号　T3-21-01］

序号：T3-21-01
特征：合背

图书在版编目（C I P）数据
川陕苏区金属货币版式研究图鉴/ 张建新 曹正忠
编著. —成都：巴蜀书社, 2012.11
ISBN 978-7-5531-0183-5

Ⅰ.①川… Ⅱ.①张… ②曹… Ⅲ.①川陕边革命根
据地—金属货币—图录 Ⅳ. ①F822.9-64

中国版本图书馆CIP数据核字(2012)第259981号

川陕苏区金属货币版式研究图鉴

CHUANSHANSUQUJINSHUHUOBIBANSHIYANJIUTUJIAN

张建新　曹正忠　编著

策划组稿　林　建　陈　红
责任编辑　陈　红
版式制作　四川省经典记忆文化传播有限公司
出版发行　四川出版集团　巴蜀书社（成都市槐树街2号）
电　　话　发行科（028）86259422　86259423
总编室（028）86259397
编辑部（028）86259418
邮　　编　610031
网　　址　www.bsbook.com
经　　销　新华书店
印　　刷　四川省印刷制版中心有限公司
成品尺寸　285×210mm
印　　张　8.25
字　　数　250千
版　　次　2012年11月第一版
印　　次　2012年11月第一次印刷
书　　号　978-7-5531-0183-5
定　　价　78.00元